N° 1. — L'ÉPARGNE EN FRANCE

Lorsqu'on fait des économies, il est utile de les placer dans une caisse d'épargne pour qu'elles rapportent un intérêt. C'est un placement sûr On y reçoit des versements depuis un franc jusqu'à 1500 francs, inscrits sur un livret remis au déposant. Les caisses indépendantes remettent les fonds qui leur sont confiés à la *Caisse des dépôts et consignations*. Elles sont au nombre de 547 et servent un intérêt de 3 %. Les caisses postales organisées par l'Etat produisent 2 fr. 75 %. La vogue de ces institutions tient à la facilité qu'ont les déposants de retirer leurs fonds au fur et à mesure de leurs besoins.   Er. Richa.

Une des préoccupations les plus constantes d'un père de famille, c'est sans contredit l'établissement de ses enfants. Il sait, en effet, que, dans l'état actuel de nos mœurs, il les établira difficilement sans dot, et souvent il envisage avec anxiété la nécessité de constituer cette dot. Des compagnies d'assurances lui offrent le moyen d'atteindre sûrement le but proposé en s'affranchissant de toute préoccupation d'avenir ; elles se chargent en effet, de verser au moment voulu le capital nécessaire, et cela moyennant le payement régulier de sommes modiques.   Er. Richa.

L'assurance a pris un développement considérable : cela tient à l'évolution progressive de la civilisation, encourageant les esprits à s'affranchir de plus en plus des fléaux qui ravagent l'humanité. L'assurance sur la vie est de celles qui sont les plus indispensables. L'homme qui travaille est un capital, une valeur susceptible de revenus, mais périssable. Sa vie peut donc faire l'objet d'une assurance pour diminuer le préjudice matériel qu'entraine la mort. Des compagnies ont été créées dans ce but. L'assuré verse une prime annuelle, et la compagnie garantit à ses héritiers un capital en cas de décès   En. RICHA.

Autrefois les ouvriers qui, par suite d'accidents, étaient privés des fruits de leur travail quotidien, en étaient réduits à demander l'aumône ou à vivre de charité. Il n'en est plus ainsi aujourd'hui : une loi récente porte que tout accident, survenu pendant l'exercice d'un travail commandé, engage la responsabilité de l'employeur. Pour échapper à la rigueur de la loi, le patron, au moyen d'une prime annuelle versée à une compagnie d'assurance, s'affranchit de l'indemnité que la compagnie aura à payer pour lui, en cas d'accident survenu à un ouvrier   En. RICHA.

N° 5. — ASSURANCE...

L'assurance contre l'incendie est certainement la plus ancienne et la plus répandue. Elle répond en effet à un danger terrible, dont il faut avant tout éviter les effroyables conséquences. Pourtant, que de braves gens sont victimes de leur négligence ! La précaution la plus élémentaire veut qu'on ne laisse pas le moindre intervalle de temps entre l'achat d'un immeuble et la signature d'un contrat d'assurance, et surtout, car c'est à ce moment que l'oubli fatal est à redouter, de ne pas attendre son expiration pour le renouveler.   Er. Richa.

Il existe une *Caisse nationale des retraites pour la vieillesse* qui a pour but de permettre à tout le monde de s'assurer une rente dont l'entrée en jouissance peut commencer à partir de 50 ans. Le maximum des retraites est de 1200 francs par personne. Les versements se font au gré de l'assuré ; mais à sa mort les sommes versées sont rendues à ses héritiers. L'Etat s'en porte garant. Une économie de 5 francs par trimestre, par exemple, depuis l'âge de 15 ans, produit à 60 ans une retraite annuelle de 360 fr. Une loi en préparation assurera bientôt une rente viagère aux vieillards indigents.   Er. Richa.

La Prévoyance et la mutualité

Le chômage est une éventualité redoutable pour les ouvriers : c'est une interruption *forcée* du travail, tandis que la grève est un arrêt *voulu*. Il n'y a donc rien de commun entre les deux états de choses. Le chômage est la conséquence de causes économiques étrangères à l'action de l'ouvrier qui en est victime. Il y aurait donc imprévoyance de sa part à négliger la garantie, incomplète il est vrai, mais appréciable, que lui offrent les compagnies d'assurance, en cas de chômage. Un père de famille soucieux de ses devoirs doit songer à l'imprévu.

EN RICHA.

Les syndicats professionnels ont exclusivement pour objet l'étude et la défense des intérêts économiques, industriels, commerciaux et agricoles. L'expérience et la raison démontrent que l'isolement de l'individu n'aboutit qu'à un résultat limité ; tandis que l'association est la force qui enfante le progrès. En évitant que chacun ne s'épuise dans un effort acharné et infécond, les syndiqués ressentent immédiatement les effets du bien-être matériel qui résulte de leur groupement et l'avantage moral qui s'en dégage. L'avenir est dans l'association.

EN. RICHA.

La Prévoyance et la Mutualité

Les sociétés de secours mutuels ont pour but de venir en aide à ceux qui, par suite d'un accident, d'une maladie ou de toute autre éventualité, déterminée dans les statuts de l'association, sont privés des fruits de leur travail quotidien. La Fédération nationale mutualiste groupe toutes les sociétés françaises de secours mutuels en un faisceau compact de 17 500 sociétés comprenant 3 millions et demi de membres, dont l'extension continue résout le grand problème de la réduction des risques. L'« Union pour la vie », telle est la devise des mutualistes.

Em. RICHA.

La mutualité scolaire est due à l'ingéniosité de M. Cavé. Les membres de cette vaste association sont les écoliers. Ils versent chaque semaine entre les mains de leur instituteur dix centimes, dont la moitié est inscrite sur le livret individuel, et l'autre sert à former un fonds social. Cette réserve est appelée à jeter les fondements d'une cité nouvelle : l'école propriétaire, l'école riche, l'école distribuant ses bienfaits, ses secours aux jours d'épreuve et de maladie à l'infortuné et au malheur, sous les auspices d'un idéal réconfortant : la solidarité fraternelle.

Em. RICHA.

La coopération est une association de plusieurs individus qui consiste à grouper les petites bourses, économies du petit capital, pour fonder de grandes entreprises commerciales ou industrielles. Cette forme de la coopération, par laquelle les ouvriers participent aux bénéfices, selon leur apport et leur capacité de travail, est la plus parfaite : elle rapproche les associés et les absorbe pour ainsi dire dans l'œuvre professionnelle. Elle leur permet de grouper leurs efforts ; car une action commune peut seule produire le vrai progrès et la paix sociale.

Er. Richa.

Tout intermédiaire entre le producteur et le consommateur est un parasite qui, par son intervention, fait augmenter le prix des marchandises. Il est donc de l'intérêt du consommateur de se passer de son concours. C'est de cette préoccupation qu'est née l'idée de constituer des sociétés coopératives de consommation par lesquelles le bénéfice, qui autrement irait à l'intermédiaire, tombe dans la caisse des associés et diminue le prix de la marchandise à leur profit.

Er. Richa.

Il est élémentaire d'expliquer que le bon marché d'un produit s'affirme en raison directe de la quantité mise en fabrication. Ce qui revient à dire que les achats en grand nombre sont plus avantageux que ceux de moindre importance. Ce principe économique a fait naître des groupements corporatifs pour faire disparaître l'état d'infériorité que crée l'isolement. De même que des commerçants associés peuvent lutter de cette façon contre les grands magasins, de même les modestes cultivateurs peuvent ensemble acheter des machines agricoles, à l'instar des grands propriétaires.   Er. RICHA.

Les agriculteurs, comme les industriels, doivent non seulement produire, mais écouler leurs produits. Les syndicats leur sont en la circonstance d'un grand secours. Les industriels ont à leur charge de voyageurs; mais ceux qui sont arrêtés par la crainte des dépenses pareraient à cet inconvénient en entreprenant avec d'autres des voyages économiques, à frais communs, et en créant des tournées commerciales et collectives, à prix réduits, sous les auspices d'un syndicat qui prendrait à sa charge comme pour les touristes, l'organisation matérielle du voyage.   Er. RICHA.

« Ce qui rend les paysans réfractaires, un tant soit peu, au système mutualiste dit M. Edouard Petit, c'est le paiement régulier et en espèces des cotisations. » C'est, en effet, ce qui également les gêne dans la plupart de leurs transactions. Les denrées, les légumes, les fruits de toutes sortes leur font rarement défaut, tandis que l'argent en espèces sonnantes leur manque généralement. Jugez un peu de l'embarras du fermier qui, n'ayant pas encore vendu sa récolte, voit le terme de son bail approcher. Louange au propriétaire qui accepte un paiement en nature.

Er. Richa.

Une mention particulière est due aux associations de crédit mutuel, sociétés sans capital, où chacun s'engage de façon illimitée pour son voisin qui emprunte. Le capital social n'est point représenté par une somme d'argent, mais par le *travail de tous et la parole donnée*. Pour en faire partie, il faut le consentement unanime de tous et la notoriété d'homme honnête et laborieux. L'hypothèque devient inutile. L'emprunteur, muni de son livret individuel renfermant les statuts, trouve alors un créancier contre simple signature.

Er. Richa.

LA RICHESSE DES NATIONS

Les principaux facteurs qui permettent d'évaluer la fortune d'un pays sont : les valeurs mobilières, les valeurs immobilières et le crédit. La richesse comparée des nations s'établit à peu près de la façon suivante :

États-Unis.	350 milliards	Russie.	130 milliards
Angleterre.	275 —	Autriche-Hongrie.	80 —
France.	225 —	Espagne.	60 —
Allemagne.	150 —	Italie.	55 —

Si l'on tient compte du chiffre de la population, on trouve que la fortune de chaque habitant est dans la proportion suivante :

Anglais	7	Allemand.	3
Français	6	Autriche.	2
Américain.	5	Russe.	1
Espagnol.	4	Italien.	1

LES GROSSES FORTUNES

C'est aux Etats-Unis d'Amérique qu'on trouve les plus grosses fortunes dans une seule main.

William Astor.	840 millions	Louis Tiffany.	175 millions
John D. Rockefeller.	760 —	Singer.	150 —
Georges Gould.	405 —	A. Constable.	125 —
Madame Hetty Green.	300 —	Andrew Carnegie.	100 —
William Rockefeller.	300 —	J. Gordon Bennett.	100 —
Henry Flagler.	300 —		

On compte, paraît-il, 700 millionnaires dans le monde entier, possédant 25 millions de francs.

Angleterre.	200	Autriche-Hongrie	50
États-Unis.	100	Russie.	50
France.	75	Indes.	50
Allemagne.	50	Autres pays.	125

C. CHARIER, éditeur, à Saumur.

STATURE DE L'HOMME ET SON POIDS

Pour que le corps soit bien proportionné, il faut que le poids et la stature conservent un certain rapport. Quetelet le détermine par les chiffres suivants :

STATURE	POIDS	
	HOMME	FEMME
0 m. 50	3 kil. 20	2 kil. 91
0 60	6 20	6 02
0 70	9 30	9 00
0 80	11 36	11 21
0 90	13 50	13 42
1 00	15 90	15 82
1 10	18 50	18 30

STATURE	POIDS	
	HOMME	FEMME
1 m. 20	21 kil. 72	21 kil. 50
1 30	26 63	26 83
1 40	34 48	37 18
1 50	46 29	48 00
1 60	57 15	56 73
1 70	63 28	65 20

Notre stature.

Voici la classification admise pour la taille :

	HOMMES	FEMMES
Haute taille.	1^m70 et plus	1^m58 et plus.
Taille au-dessus de la moyenne.	1^m65 — 1^m69	1^m53 — 1^m57
Moyenne.	1^m65	1^m53.
Taille au-dessous de la moyenne.	1^m60 — 1^m64	1^m40 — 1^m52
Petite taille.	1^m60 et moins	1^m39 et moins

La taille selon les races.

Tailles hautes (1^m70 et au-dessus)

Patagons. . . 1^m85   Comanches. . 1^m80
Polynésiens. . 1^m76   Iroquois. . . 1^m73
Scandinaves. . 1^m71   Zoulous. . . 1^m70
Ecossais. . . 1^m71   Esquimaux. . 1^m70

Au-dessus de la moyenne (1^m65 à 1^m69).

Nubiens. . . 1^m69   Allemands. . 1^m69
Anglais. . . 1^m69   Arabes. . . 1^m68
Belges. . . 1^m68   Français. . . 1^m65

Au-dessous de la moyenne (1^m60 à 1^m64).

Australiens. . 1^m64   Esthoniens. . 1^m64
Chinois. . . 1^m64   Bavarois. . . 1^m64
Juifs. . . . 1^m63   Japonais. . . 1^m60

Petites (moins de 1^m60).

Malais. . . 1^m59   Ostiaks. . . 1^m56
Annamites. . 1^m59   Lapons. . . 1^m53
Siamois. . . 1^m52   Boshimans. . 1^m44

C. CHARIER, éditeur, à Saumur.

TABLEAU CHRONOLOGIQUE

DE

L'HISTOIRE DE FRANCE

MÉROVINGIENS

1 Pharamond   règne de 420 à 428
2 Clodion . . . . de 428 à 448
3 Mérovée. . . . . de 448 à 458
4 Childéric I·· . . . . de 458 à 481
5 Clovis I·· . . . . de 481 à 511
6 Childebert I·· . . . . . . de 511 à 558
7 Clotaire I·· . . . . de 558 à 561
8 Caribert. . . . . de 561 à 567
9 Chilpéric I··. . . . . . . de 567 à 584
10 Clotaire II . . . . de 584 à 628
11 Dagobert I·· . . . . . . de 628 à 638
12 Clovis II. . . . . de 638 à 656
13 Clotaire III. . . . . de 656 à 670
14 Childéric II . . . . de 670 à 673
15 Thierry I·· . . . . de 673 à 691
16 Clovis III . . . . de 691 à 695
17 Childebert II. . . . . . . de 695 à 711
18 Dagobert II . . . . de 711 à 716
19 Clotaire IV. . . . . de 716 à 717
20 Chilpéric II . . . . de 717 à 720
21 Thierry II . . . . de 720 à 737
22 Childéric III. . . . . . . de 737 à 752

CARLOVINGIENS

23 Pépin le Bref. . . . . . . de 752 à 768
24 Charlemagne. . . . . . . de 768 à 814
25 Louis I·· . . . . de 814 à 840
26 Charles II. . . . . de 840 à 877
27 Louis II. . . . . de 877 à 879
28 Louis III et Carloman. . . de 879 à 884
29 Charles le Gros. . . . . . de 884 à 888
30 Eudes. . . . . de 888 à 896
31 Charles III. . . . . de 896 à 923
32 Raoul . . . . de 923 à 936
33 Louis IV . . . . de 936 à 954
34 Lothaire. . . . . de 954 à 986
35 Louis V. . . . . de 986 à 987

CAPÉTIENS

1·· Branche, dite des Capets

36 Hugues Capet . . . . . de 987 à 996
37 Robert. . . . . de 996 à 1031
38 Henri I·· . . . . de 1031 à 1060
39 Philippe I·· . . . . . . de 1060 à 1108
40 Louis VI. . . . . de 1108 à 1137

41 Louis VII . . . . de 1137 à 1180
42 Philippe II . . . . de 1180 à 1223
43 Louis VIII. . . . . de 1223 à 1226
44 Louis IX . . . . de 1226 à 1270
45 Philippe III . . . . de 1270 à 1285
46 Philippe IV . . . . de 1285 à 1314
47 Louis X. . . . . de 1314 à 1316
48 Philippe V. . . . . de 1316 à 1321
49 Charles IV. . . . . de 1321 à 1328

2· Branche, dite 1·· des Valois

50 Philippe VI . . . . de 1328 à 1350
51 Jean le Bon . . . . de 1350 à 1364
52 Charles V . . . . de 1364 à 1380
53 Charles VI. . . . . de 1380 à 1422
54 Charles VII . . . . de 1422 à 1461
55 Louis XI. . . . . de 1461 à 1483
56 Charles VIII. . . . . . . de 1483 à 1498

3· Branche dite d'Orléans

57 Louis XII . . . . de 1498 à 1515

4· Branche, dite 2· des Valois

58 François I·· . . . . de 1515 à 1547
59 Henri II. . . . . de 1547 à 1559
60 François II. . . . . de 1559 à 1560
61 Charles IX. . . . . de 1560 à 1574
62 Henri III . . . . de 1574 à 1589

5· Branche, dite des Bourbons

63 Henri IV . . . . de 1589 à 1610
64 Louis XIII. . . . . de 1610 à 1643
65 Louis XIV. . . . . de 1643 à 1715
66 Louis XV . . . . de 1715 à 1774
67 Louis XVI. . . . . de 1774 à 1793

République . . . . . . de 1793 à 1804

68 Napoléon I··, empereur. de 1804 à 1814
69 Louis XVIII . . . . de 1814 à 1824
70 Charles X . . . . de 1824 à 1830
71 Louis Philippe I··. . . . de 1830 à 1848

République . . . . . . de 1848 à 1852

72 Napoléon III, emp··. . . de 1852 à 1870

République proclamée en 1870

G. CHARIER, éditeur, à Saumur.

Maximes de La Rochefoucauld

— La nature fait le mérite et la fortune le met en œuvre.

— La pompe des enterrements intéresse plus la vanité des vivants que la mémoire des morts.

— Tout le monde se plaint de sa mémoire, et personne ne se plaint de son jugement.

— Les vieillards aiment à donner de bons préceptes pour se consoler de n'être plus en état de donner de mauvais exemples.

— La politesse de l'esprit consiste à penser des choses honnêtes et délicates.

— On ne donne rien si libéralement que ses conseils.

— Il y a de bons mariages; il n'y en a point de délicieux.

— On aime mieux dire du mal de soi-même que de n'en point parler.

— Ce qui fait que peu de personnes sont agréables dans la conversation, c'est que chacun songe plus à ce qu'il a dessein de dire qu'à ce que les autres disent, et que l'on n'écoute guère quand on a bien envie de parler.

— Pour plaire aux autres, il faut parler de ce qu'ils aiment et de ce qui les touche, éviter les disputes sur des choses indifférentes, leur faire rarement des questions, et ne leur laisser jamais croire qu'on prétend avoir plus de raison qu'eux.

— Evitons surtout de parler souvent de nous-mêmes et de nous donner pour exemple. Rien n'est plus désagréable qu'un homme qui se cite lui-même à tout propos.

— Il ne faut jamais rien dire avec un air d'autorité, ni montrer aucune supériorité d'esprit. Fuyons les expressions trop recherchées, les termes durs et forcés, et ne nous servons point de paroles plus grandes que les choses.

— Il faudrait faire son plaisir de celui des autres, ménager leur amour-propre et ne le blesser jamais.

Pensées de Rivarol

— Ce qu'il y a d'horrible en général dans ce monde, c'est que nous cherchons avec une égale ardeur à nous rendre heureux et à empêcher les autres de l'être. Beaucoup d'hommes lancent sur nous autant de traits que de regards.

— Sur dix personnes qui parlent de nous, neuf en disent du mal, et souvent la seule personne qui en dit du bien le dit mal.

— L'homme modeste a tout à gagner, et l'orgueilleux a tout à perdre; car la modestie a toujours affaire à la générosité, et l'orgueil à l'envie.

— Il n'y a qu'une morale comme il n'y a qu'une géométrie; ces deux mots n'ont point de pluriel, la morale est fille de la justice et de la conscience; c'est une religion universelle.

— Les peuples les plus civilisés sont aussi voisins de la barbarie que le fer le plus poli l'est de la rouille. Les peuples, comme les métaux, n'ont de brillant que les surfaces.

Pensées de Chamfort

— On est heureux ou malheureux par une foule de choses qui ne paraissent pas, qu'on ne dit point, et qu'on ne peut dire.

— La calomnie est comme la guêpe qui nous importune, et contre laquelle il ne faut faire aucun mouvement, à moins qu'on ne soit sûr de la tuer, sans quoi elle revient à la charge plus furieuse que jamais.

— Celui qui ne sait point recourir à propos à la plaisanterie, et qui manque de souplesse dans l'esprit, se trouve très souvent placé dans la nécessité d'être faux ou d'être pédant, alternative fâcheuse à laquelle un honnête homme se soustrait, pour l'ordinaire, par de la grâce et de la gaieté.

— On n'imagine pas combien il faut d'esprit pour n'être jamais ridicule.

— Quand on veut plaire dans le monde, il faut se résoudre à se laisser apprendre beaucoup de choses qu'on sait par des gens qui les ignorent.

C. CHARIER, éditeur, à Saumur.

LES GRANDES BATAILLES DU MONDE

BATAILLES.	DATES.	BELLIGÉRANTS ET GÉNÉRAUX.	VAINQUEURS.	NOMBRE DES TROUPES.
	av. J.-C.			
Marathon.	490	Les Athéniens sous Miltiade contre les Perses de Mardonius.	MILTIADE.	10 000 Athéniens. 100.000 Perses.
Cannes.	216	Hannibal et les Carthaginois. Paul Emile, Varon et les Romains.	HANNIBAL.	50.000 Carthag. 80.000 Romains.
Crécy.	1346	Philippe VI, roi de France, contre Edouard III, d'Angleterre.	EDOUARD III.	40.000 Français, 16 000 Anglais.
Azincourt.	1415	Le connétable d'Albret et les Français contre l'armée anglaise d'Henri V.	HENRI V.	50 000 Français, 20.000 Anglais.
Denain.	1712	Villars et les Français. Le prince Eugène et les Anglo-Allemands.	VILLARS.	80.000 Français, 100.000 Anglo-All.
Fontenoy.	1745	Le maréchal de Saxe et les Français. Le duc de Cumberland et les Anglais.	MAR. DE SAXE.	50.000 Français, 60.000 Anglais.
Valmy.	179	Kellermann et les Français. Le duc de Brunswick et les Prussiens.	KELLERMANN.	40.000 Français, 50.000 Prussiens.
Rivoli.	1797	Bonaparte et les Français. Alvinczy et les Autrichiens.	BONAPARTE.	16.000 Français, 40.000 Autrich.
Zurich	1799	Masséna et les Français. L'archiduc Charles et les Autrichiens. Souvarof et les Russes.	MASSÉNA.	55.000 Français, 40.000 Autrich, 70.000 Russes.
Marengo.	1800	Bonaparte et Desaix contre Mélas et les Autrichiens.	BONAPARTE.	30.000 Français, 35.000 Autrich.
Austerlitz.	1805	Napoléon 1er contre Alexandre 1er de Russie et François d'Autriche.	NAPOLÉON.	80.000 Français, 100.000 Austro-Russes.
Eylau.	1807	Napoléon 1er contre les Russes de Bennigsen	. . . .	70.000 Français, 80.000 Russes.
Essling.	1809	Napoléon 1er et Lannes contre l'archid. Charles et les Autrichiens.	NAPOLÉON.	80.000 Français, 90.000 Autrich.
La Moscova	1812	Napoléon 1er contre les Russes de Barclay de Tolly.	NAPOLÉON.	155.000 Français, 150.000 Russes.
Leipzig.	1813	Napoléon contre Schwartzenberg (Autrichiens) Blücker (Prussiens), Alexandre I (Russes).	SCHWARTZENBERG ET BLUCCHER.	140.000 Français, 300.000 coalisés.
Waterloo	1815	Napoléon contre les Anglais de Wellington et les Prussiens de Blücher.	WELLINGTON.	72.000 Français, 70.000 Anglais, 50 000 Prussiens.
Inkermann.	1854	Général Bosquet et lord Raglan contre les Russes de Mentchikof.	BOSQUET ET LORD RAGLAN.	30.000 Français, 25.000 Anglais, 60.000 Russes.
Solférino.	1859	Napoléon III et Victor-Emmanuel contre l'empereur d'Autriche François-Joseph	NAPOLÉON III.	150.000 Franco-Italiens, 160.000 Autrich.
Sadowa.	1866	De Moltke et les Prussiens contre Benedek et les Autrichiens.	DE MOLTKE.	250.000 Prussiens, 200.000 Autrich.
Sedan.	1870	Napoléon III secondé par Mac-Mahon, puis Ducrot, Wimpffen est battu par Guill. 1er, secondé par de Moltke.	GUILLAUME 1er ET DE MOLTKE.	124.000 Français, 245,000 Allem.
Metz.	1870	Bazaine et Canrobert contre les Allemands de Frédéric Charles.	FRÉDÉRIC-CHARLES.	170.000 Français, 250.000 Allem.
Champigny	1870	Le géuéral Ducrot et la garnison de Paris contre les Allemands de Moltke.	DE MOLTKE.	250.000 Français, 300.000 Allem.

C. CHARIER, éditeur, à Saumur.

LA MORTALITÉ HUMAINE

Un savant anglais, Mulhall, a fixé dans un des tableaux ci-dessous la moyenne de la mortalité, par 10.000 habitants, due aux maladies les plus redoutables.

MALADIES	Angle-terre	France	Allemagne	Russie	Italie	Suisse	Belgique	Hollande	Scandinavie
Apoplexie	270	400	390	210	360	37	310	280	350
Bronchite.	1.150	310	400	1.500	30	600	480	230	620
Cancer	235	. .	260	150	160	300	140	180	330
Tuberculose. . . .	1.100	1.120	1.270	1.960	900	1.110	1.820	950	1.020
Diphtérie	55	360	270	210	360	304	280	130	230
Erysipèle	36	48	35	. . .	50	. . .	40	. . .	. .
Maladies de cœur. . .	620	290	230	200	580	385	190	180	220
Rougeole.	184	180	100	80	95	46	165	150	. .
Pneumonie. . . .	510	720	400	1.150	540	600	450	570	710
Fièvre puerpérale. . .	49	100	. .	70	. . .	50	. . .	50	100
Rhumatisme	41	35	25	40	. . .	. . .	. . .	. . .	40
Scarlatine	402	20	160	90	10	146	140	40	360
Scrofule. . . .	62	130	. .	180	30	. . .	90	140	70
Petite vérole . . .	130	80	8	40	60	54	150	100	120
Fièvre typhoïde . . .	210	720	450	480	240	184	460	460	280
Coqueluche. . . .	250	115	. .	. . .	50	112	280	180	185

Combien il meurt, par an, de personnes pour 1,000 habitants.

Bristol.	15,4	Christiania	19,6	Munich.	23,7
Francfort-sur-Mein. .	16,5	Nice.	19,7	Liverpool.	23,8
La Haye	16,9	Gand	19,7	Nantes.	23,9
Berlin	17,2	Glasgow	20,0	Budapest.	24,4
Liège	17,6	Rotterdam.	20,2	Gratz	24,5
Londres	17,7	Manchester	20,4	Dublin.	24,7
Leeds	17,8	Lyon	20,9	Varsovie	25,0
Bruxelles.	18,1	Dresde.	20,9	Milan	25,0
Hambourg.	18.1	Berne.	21.0	Breslau.	25,5
Amsterdam	18	Bordeaux.	21,3	Reims.	25,8
Bâle.	18,5	Venise.	21,6	Naples.	27,7
Birmingham. . . .	18,5	Magdebourg. . . .	21,8	Marseille	28,3
Leipzig.	18.7	Bologne	21.9	Jassy	28,3
Copenhague. . . .	18,7	Prague.	22.1	Barcelone.	29,6
Turin	18,8	Paris	22,2	Le Havre.	29,8
Zurich.	18,9	Odessa.	22,3	Bucharest.	29,9
Genève.	19,0	Saint-Etienne. . . .	22,7	Trieste.	30,1
Stockholm. . . .	19,4	Vienne.	22,8	Rouen.	31,3
Anvers.	19,4	Cologne	23,1	St-Pétersbourg . . .	31,4
Rome.	19,6	Lille.	23 5	Moscou.	34,1

La durée moyenne de la vie humaine est 33 ans. Pour 100 naissances, 25 individus meurent avant 6 ans, 50 avant 16 ans, et une seule arrive à l'âge de 65 ans.

Chaque minute il meurt 67 personnes, et il en naît 70. Cela fait 96.480 décès et 100.800 naissances par jour.

Table

DE

MULTIPLICATION

—*—

1 fois 0 est 0				4 fois 0 font 0				7 fois 0 font 0				10 fois 0 font 0		
1 — 1 — 1				4 — 1 — 4				7 — 1 — 7				10 — 1 — 10		

4 fois 0 font 0
4 — 1 — 4
4 — 2 — 8
4 — 3 — 12
4 — 4 — 16
4 — 5 — 20
4 — 6 — 24
4 — 7 — 28
4 — 8 — 32
4 — 9 — 36
4 — 10 — 40
4 — 11 — 44
4 — 12 — 48

7 fois 0 font 0
7 — 1 — 7
7 — 2 — 14
7 — 3 — 21
7 — 4 — 28
7 — 5 — 35
7 — 6 — 42
7 — 7 — 49
7 — 8 — 56
7 — 9 — 63
7 — 10 — 70
7 — 11 — 77
7 — 12 — 84

10 fois 0 font 0
10 — 1 — 10
10 — 2 — 20
10 — 3 — 30
10 — 4 — 40
10 — 5 — 50
10 — 6 — 60
10 — 7 — 70
10 — 8 — 80
10 — 9 — 90
10 — 10 — 100
10 — 11 — 110
10 — 12 — 120

Table de multiplication

1 fois 0 est 0
1 — 1 — 1

2 fois 0 font 0
2 — 1 — 2
2 — 2 — 4
2 — 3 — 6
2 — 4 — 8
2 — 5 — 10
2 — 6 — 12
2 — 7 — 14
2 — 8 — 16
2 — 9 — 18
2 — 10 — 20
2 — 11 — 22
2 — 12 — 24

5 fois 0 font 0
5 — 1 — 5
5 — 2 — 10
5 — 3 — 15
5 — 4 — 20
5 — 5 — 25
5 — 6 — 30
5 — 7 — 35
5 — 8 — 40
5 — 9 — 45
5 — 10 — 50
5 — 11 — 55
5 — 12 — 60

8 — 0 — 0
8 — 1 — 8
8 — 2 — 16
8 — 3 — 24
8 — 4 — 32
8 — 5 — 40
8 — 6 — 48
8 — 7 — 56
8 — 8 — 64
8 — 9 — 72
8 — 10 — 80
8 — 11 — 88
8 — 12 — 96

11 fois 0 font 0
11 — 1 — 11
11 — 2 — 22
11 — 3 — 33
11 — 4 — 44
11 — 5 — 55
11 — 6 — 66
11 — 7 — 77
11 — 8 — 88
11 — 9 — 99
11 — 10 — 110
11 — 11 — 121
11 — 12 — 132

3 fois 0 font 0
3 — 1 — 3
3 — 2 — 6
3 — 3 — 9
3 — 4 — 12
3 — 5 — 15
3 — 6 — 18
3 — 7 — 21
3 — 8 — 24
3 — 9 — 27
3 — 10 — 30
3 — 11 — 33
3 — 12 — 36

6 fois 0 font 0
6 — 1 — 6
6 — 2 — 12
6 — 3 — 18
6 — 4 — 24
6 — 5 — 30
6 — 6 — 36
6 — 7 — 42
6 — 8 — 48
6 — 9 — 54
6 — 10 — 60
6 — 11 — 66
6 — 12 — 72

9 fois 0 font 0
9 — 1 — 9
9 — 2 — 18
9 — 3 — 27
9 — 4 — 36
9 — 5 — 45
9 — 6 — 54
9 — 7 — 63
9 — 8 — 72
9 — 9 — 81
9 — 10 — 90
9 — 11 — 99
9 — 12 — 108

12 fois 0 font 0
12 — 1 — 12
12 — 2 — 24
12 — 3 — 36
12 — 4 — 48
12 — 5 — 60
12 — 6 — 72
12 — 7 — 84
12 — 8 — 96
12 — 9 — 108
12 — 10 — 120
12 — 11 — 132
12 — 12 — 144

C. CHARIER, éditeur, à Saumur.

FRANCE. — Départements, Chefs-lieux, Sous-préfectures

AIN : Bourg ; Belley, Gex, Nantua, Trévoux. — AISNE : Laon ; Château-Thierry, Saint-Quentin, Soissons, Vervins. — ALLIER : Moulins ; Gannat, la Palisse, Montluçon. — ALPES (*Bses-*) : Digne ; Barcelonnette, Castellane, Forcalquier, Sisteron. — ALPES (*Htes-*) : Gap ; Briançon, Embrun. — ALPES-MARITIMES : Nice ; Grasse, Puget-Théniers. — ARDÈCHE : Privas ; Largentière, Tournon. — ARDENNES : Mézières ; Rethel, Rocroi, Sedan, Vouziers. — ARIÈGE : Foix ; Pamiers, Saint-Girons. — AUBE : Troyes ; Arcis-sur-Aube, Bar-sur-Aube, Bar-sur-Seine, Nogent-sur-Seine. — AUDE : Carcassonne ; Castelnaudary, Limoux, Narbonne. — AVEYRON : Rodez ; Espalion, Millau, Saint-Affrique, Villefranche. — BOUCHES-DU-RHONE : Marseille ; Aix, Arles. — CALVADOS : Caen ; Bayeux, Falaise, Lisieux, Pont-l'Evêque, Vire. — CANTAL : Aurillac ; Mauriac, Murat, Saint-Flour. — CHARENTE : Angoulême ; Barbezieux, Cognac, Confolens, Ruffec. — CHARENTE-INFÉR. : La Rochelle ; Jonzac, Marennes, Rochefort, Saintes, Saint-Jean-d'Angély. — CHER : Bourges ; Saint-Amand, Sancerre. — CORRÈZE : Tulle ; Brive, Ussel. — CORSE : Ajaccio ; Bastia, Calvi, Corte, Sartène. — COTE-D'OR : Dijon ; Beaune, Châtillon-sur-Seine, Semur. — COTES-DU-NORD : Saint-Brieuc ; Dinan, Guingamp, Lannion, Loudéac. — CREUSE : Guéret ; Aubusson, Bourganeuf, Boussac. — DORDOGNE : Périgueux ; Bergerac, Nontron, Ribérac, Sarlat. — DOUBS : Besançon ; Baume-les-Dames, Montbéliard, Pontarlier. — DROME : Valence ; Die, Montélimar, Nyons. — EURE : Evreux ; les Andelys, Bernay, Louviers, Pont-Audemer. — EURE-ET-LOIR : Chartres ; Châteaudun, Dreux, Nogent-le-Rotrou. — FINISTÈRE : Quimper ; Brest, Châteaulin, Morlaix, Quimperlé. — GARD : Nimes ; Alais, Uzès, le Vigan. — GARONNE (*Hte-*) : Toulouse ; Muret, Saint-Gaudens, Villefranche. — GERS : Auch ; Condom, Lectoure, Lombez, Mirande. — GIRONDE : Bordeaux ; Bazas, Blaye, la Réole, Lesparre, Libourne. — HÉRAULT : Montpellier ; Béziers, Lodève, Saint-Pons. — ILLE-ET-VILAINE : Rennes ; Fougères, Montfort, Redon, Saint-Malo, Vitré. — INDRE : Chateauroux ; la Châtre, le Blanc, Issoudun. — INDRE-ET-LOIRE : Tours ; Chinon, Loches. — ISÈRE : Grenoble ; la Tour-du-Pin, Saint-Marcellin, Vienne. — JURA : Lons-le-Saunier ; Dôle, Poligny, Saint-Claude. — LANDES : Mont-de-Marsan ; Dax, Saint-Sever. — LOIR-ET-CHER : Blois ; Romorantin, Vendôme. — LOIRE : Saint-Etienne ; Montbrison, Roanne. — LOIRE (*Hte-*) : Le Puy ; Brioude, Yssingeaux. — LOIRE-INF. : Nantes ; Ancenis. Châteaubriant, Paimbœuf, Saint-Nazaire. — LOIRET : Orléans ; Gien, Montargis, Pithiviers. — LOT : Cahors ; Figeac, Gourdon. — LOT-ET-GARONNE : Agen ; Marmande, Nérac, Villeneuve-sur-Lot. — LOZÈRE : Mende ; Florac, Marvejols. — MAINE-ET-LOIRE : Angers ; Baugé, Cholet, Saumur, Segré. — MANCHE : Saint-Lo ; Avranches, Cherbourg, Coutances, Mortain, Valognes. — MARNE : Chalons-sur-Marne ; Epernay, Reims, Sainte-Menehould, Vitry-le-François. — MARNE (*Hte-*) : Chaumont ; Langres, Vassy. — MAYENNE : Laval ; Château-Gontier, Mayenne. — MEURTHE-ET-MOSELLE : Nancy ; Briey, Lunéville, Toul. — MEUSE : Bar-le-Duc ; Commercy, Montmédy, Verdun. — MORBIHAN : Vannes ; Lorient, Pontivy, Ploërmel. — NIÈVRE : Nevers : Château-Chinon, Clamecy, Cosne. — NORD : Lille ; Avesnes, Cambrai, Douai, Dunkerque, Hazebrouck, Valenciennes. — OISE : Beauvais ; Clermont, Compiègne, Senlis. — ORNE : Alençon ; Argentan, Domfront, Mortagne. — PAS-DE-CALAIS : Arras ; Béthune, Boulogne, Montreuil, Saint-Omer, Saint-Pol. — PUY-DE-DOME : Clermont-Ferrand ; Ambert, Issoire, Riom, Thiers. — PYRÉNÉES (*Bses-*) : Pau ; Bayonne, Mauléon, Oloron, Orthez. — PYRÉNÉES (*Htes-*) : Tarbes ; Argelès, Bagnères-de-Bigorre. — PYRÉNÉES-ORIENTALES : Perpignan ; Céret. Prades. — RHIN (*Ht-*) : Belfort et son territoire. — RHONE : Lyon ; Villefranche. — SAONE (*Hte-*) : Vesoul ; Gray, Lure. — SAONE-ET-LOIRE : Macon ; Autun, Chalon-sur-Saône, Charolles, Louhans. — SARTHE : Le Mans ; la Flèche, Mamers, Saint-Calais. — SAVOIE : Chambéry ; Albertville, Moutiers, Saint-Jean-de-Maurienne. — SAVOIE (*Hte-*) : Annecy ; Bonneville, Saint-Julien, Thonon. — SEINE : Paris ; Saint-Denis, Sceaux. — SEINE-ET-MARNE : Melun ; Coulommiers, Fontainebleau, Meaux, Provins. — SEINE-ET-OISE : Versailles ; Corbeil, Etampes, Mantes, Pontoise, Rambouillet. — SEINE-INF. : Rouen ; Dieppe, le Havre, Neufchâtel, Yvetot. — SÈVRES (DEUX-) : Niort ; Bressuire, Melle, Parthenay. — SOMME : Amiens ; Abbeville Doullens, Montdidier, Péronne. — TARN : Albi ; Castres, Gaillac, Lavaur. — TARN-ET-GARONNE : Montauban ; Castelsarrasin, Moissac. — VAR : Draguignan ; Brignoles, Toulon. — VAUCLUSE : Avignon ; Apt, Carpentras, Orange. — VENDÉE : La Roche-sur-Yon ; Fontenay, les Sables-d'Olonne. — VIENNE : Poitiers ; Châtellerault, Civray, Loudun, Montmorillon. — VIENNE (*Hte-*) : Limoges ; Bellac, Rochechouart, Saint-Yrieix. — VOSGES : Epinal ; Mirecourt, Neufchâteau, Remiremont, Saint-Dié. — YONNE : Auxerre ; Avallon, Joigny, Sens, Tonnerre. — ALGÉRIE : Alger ; Médéa, Miliana, Orléansville, Tizi-Ouzou. — Constantine ; Batna, Bône, Bougie, Guelma, Philippeville, Sétif. — Oran, Mascara, Mostaganem, Sidi-bel-Abbès, Tlemcen.

* 9 7 8 2 3 2 9 6 4 0 7 5 4 *